OFFENBACHER ORIGINALE

Anita Kremer

OFFENBACHER ORIGINALE

Anita Kremer

Postfach 200154
63136 Heusenstamm
Telefon 06106-4983
Telefax 06106-62252
e-mail: kremervlg@aol.com
Internet: kremer-media.de

1. Auflage 1999

ISBN 3-9803506-1-4

Gestaltung und Layout: KREMER MEDIA

Titelgestaltung: Originalradierung von Manfred Weisbecker, Offenbach. Die Radierung hat eine Auflage von 100 handgedruckten Exemplaren, und ist ebenfalls käuflich zu erwerben.

Druck: Druckerei Wilhelm & Adam, Heusenstamm

Inhalt

Vorwort

In unserer heutigen schnelllebigen Zeit ist oft kein Platz für Sentimentalität und schon gar nicht für das Vergangene.

Die Generation unserer Eltern hat in Zeiten des Wirtschaftswunders nicht viel Sinn mit dem "Alten" gehabt. Selbst noch Ende der 60er-Jahre bzw. Anfang der 70er-Jahre, als auch in Offenbach der Bauboom einsetzte, hatte diese Generation verständlicherweise das "Neue" im Sinn.

Die Altstadt - oder was der Krieg von ihr übrig gelassen hat - wurde niedergelegt, umgestaltet und neu bebaut. Dass zu dieser Zeit der Denkmalschutz noch nicht griff, schmerzt mich ganz besonders. Allerdings habe ich durch viele Gespräche mit Menschen im heutigen hohen Seniorenalter, die Bestätigung erhalten, dass ich mit meiner Meinung nicht alleine dastehe. Viele Menschen sehnen sich zurück in die "gute alte Zeit". Dies hat mich veranlasst, ein Buch zu schreiben über Originale, wie sie in Offenbach sicherlich nur damals zu finden waren. Vielleicht wird sich ein Buchschreiber in 100 Jahren mit dem heutigen Zeitgeist auseinandersetzen, und feststellen, auch im Offenbach des ausklingenden 20. und dem beginnenden 21. Jahrhunderts, gab es Originale.

Bei meinen Recherchen fiel mir auf, dass wenige - eigentlich gar keine - " Frauenoriginale" in den Mittelpunkt der damaligen Zeit gerückt sind.

Auch erhebt dieses Buch keinen Anspruch auf Vollständigkeit. Sollten mich Anregungen und Ergänzungsvorschläge erreichen, so freue ich mich darüber.

Die Reihenfolge in der die "Offenbacher Originale" in diesem Buch von mir vorgestellt werden, ist so gewählt, dass die beiden heute noch bekanntesten Persönlichkeiten am Buchanfang stehen. Die daran anschließenden Originale wurden nach ihren Sterbedaten plaziert. Eine Bewertung oder Rangfolge ist somit nicht beabsichtigt.

Ich bedanke mich ganz herzlich bei meinem Mannn, ohne dessen Fachwissen und Unterstützung, bei der technischen Umsetzung in seinem Verlag, dieses Buch nicht zustande gekommen wäre.

Ebenfalls danke ich dem Stadtarchiv Offenbach unter Leitung von Herrn Hans Georg Ruppel und allen dortigen Mitarbeitern für die großartige Unterstützung.

ZÜND
HÖLZER

„Streichholzkarlche“

Karl Winterkorn (28. März 1880 - 12. Februar 1939) wurde nicht in Offenbach, sondern in Zell am Main in der Nähe von Würzburg geboren. Aber schon als ganz kleiner Junge kam er nach Offenbach und besuchte hier die Schule. Schon früh musste er zum Unterhalt der Familie beitragen. Sein Vater war mittlerweile gestorben, und seine Mutter musste noch für seine Geschwister aufkommen. Das tat er sicher gerne, obwohl das Leben auch zur damaligen Zeit nicht einfach war. Ob er „Verkäufertugenden“ hatte, lässt sich heute nicht mehr gesichert nachweisen, aber mit seiner Körpergröße von nur 1,30 Meter standen ihm sicher nicht alle Berufswege offen. So entschied er sich für den Verkauf von Streichhölzern, die damals fünf Pfennige die Schachtel kosteten (Anm.: siehe Abbildung). Die Streichhölzer bot er in Offenbacher und Sachsenhäuser Lokalen feil. Auch in den Äppelwoi - Lokalen von Bieber war er kein Unbekannter. Sein „Verkaufsargument“ war: 1 Schachtel fünf Pfennige - 2 zum Sonderpreis von zehn Pfennigen !!!, womit er schon die Lacher auf seiner Seite hatte.

Bei seinen Verkaufsgeschäften ging er gerne - zur allgemeinen Erheiterung - auf die Hänselei seiner Kunden ein. Fragte ihn einer nach dem Wetter, so sagte er: „Nach meine Hühneraache: Reesche, nach meim Dorscht: Hitz!“

Vollends verzückt waren die Damen, als man ihn aufforderte: „Karl mach doch mal e Schnütsche.” Das ”Streichholzkarlchen” ließ sich das nicht zweimal sagen, formte seine wulstigen Lippen zu einem Kussmund und drückte den Damen einen feuchten Kuss auf die Wangen. Die Gäste im Lokal waren vor lauter Freude ganz aus dem Häuschen. Manch ein Äppelwoi mag in dieser Situation dem Karlchen von spendierfreudigen Gästen gereicht worden sein. Wobei man bemerken muss, dass das „Streichholzkarlchen“

kein ausgeprochener Trinker war, sondern ein ernst zu nehmender Unternehmer - eben „der kleinste Holzhändler der Welt“, wie er sich gerne selbst nannte.

Bei den Offenbacher Kickers engagierte er sich sehr, hier trug er die Plakate zum Aushang in die Ladengeschäfte.

Um auf seine „Arbeitsplätze“ nach Sachsenhausen zu kommen, benutzte er meist die Lokalbahn. Diese hatte ihren Pendelverkehr zwischen dem Offenbacher Lokalbahnhof Domstrasse/Bahnhofstrasse (Anm.: siehe Bild des Lokalbahnhofes) und dem Frankfurter Pendant versehen. In Sachsenhausen war der Lokalbahnhof inmitten der ehemaligen Sachsenhäuser Altstadt. Man erzählte sich die Geschichte, dass das Karlchen einmal die Polizeistunde überschritten hatte.(Oder konnte er das Fahrgeld nicht bezahlen ?) Man hatte ihn erwischt, und er sollte 28 Mark Strafe bezahlen. Natürlich hatte er so viel Geld nicht eingenommen und trat daher den Gang ins Gefängnis an. Aus Sympathiegründen begleiteten ihn viele Offenbacher Bürger bis zur Gefängnispforte.

Auch dass die „Stadtkapelle Offenbach“ ihm zu seinem 50. Geburtstag ein Ständchen brachte, zeigte wie groß die Bindung vieler Offenbacher zu ”IHREM” Original war.

Bei den Fastnachtszügen - die damals noch durch die Offenbacher Innenstadt verliefen - ist den heute älteren Mitbürgern sicherlich unvergesslich, wie „des Karlche“ einmal als Engel verkleidet mitlief. Oder aber, als er als „Streichholzkarlchen“ auf einem aus Streichholzschachteln gemachten Pferd reitend, eine ganze Zugnummer ausmachte (Anm.: siehe Fotografien).

Einmal durfte er sogar auf der Bühne des Frankfurter Schauspielhauses in Stoltzes „Alt Frankfurt“ mitspielen und 1925 spielte er im neu eröffneten Operettenhaus in dem Weihnachtsmärchen „Streichholzkarlchen und das Christkind“ mit.

Bei alledem war er bescheiden geblieben, nie aufdringlich, stets dankbar und zufrieden. Vielleicht hatte er sich etwas Geld ansparen können, denn er kaufte sich im Bernardstift ein, um hier seinen Lebensabend zu beschließen. Leider wurde daraus keine lange „Seniorenzeit“. Er starb, nachdem er erst ein paar Tage dort eingezogen war, im Alter von nur 58 Jahren.

Sein Grab auf dem alten Friedhof wird heute noch liebevoll gepflegt.

Die Erinnerung an das „Streichholzkarlche“ wird wach gehalten. Ihm zu Ehren wird - von der Steinbildhauermeisterin Judith Quartier erarbeitet - ein Denkmal aus hartem Kalkstein gesetzt. Die Kosten wurden bisher zum großen Teil aus Spendengeldern gedeckt.

Die Denkmalseinweihung soll am 1. April 2000, dem 120. Geburtstag vom „Streichholzkarlche“, sein. Als Standort ist der Wilhelmsplatz vorgesehen. Es bleibt zu hoffen, dass sich noch viele Offenbacher bei ihren Wochenmarkt-Einkäufen dann an „des Karlche“ erinnern werden.

Ehem. Haus Bieberer Str. Nr. 4
(heute: ehem. Filiale Städt. Sparkasse OF)

In der Weinstube Jean Busch, ca. 1910
"Streichholzkarlchen" am Boden sitzend

Lokalbahnhof Offenbach/M

Stoltze-Karte

Beim Äppelwei.

Beim Äppelwei, beim Äppelwei
Fengt aa der Mensch ehrscht Mensch zu [sei!
Aus de gerippte Gleser fließt
E Stoff, der unser Sei versießt.
Dann bei dem gettliche Getrenk
Kriehn alle Sorje schnell die Krenk,
Die Gastfreundschaft werd widder Sitt
Un mer nimmt gern enn Fremde mit.

Dort steiht sem Himmel noch e Lied,
Sobald die Kehl ihr Feuchtung krieht,
Dort is die Harmonie ääm nah,
Dann Handkees mit Musik is da,
Dort fihlt sich jeder Berjer wohl,
Dann Aanigkeit is die Parol,
An Freundschaft werd dort viel geleist,
Besonnerscht wann de Bembel kreist.

Im Paradies, der Adam dort
Des war e Olwei, uff mei Wort,
Sonst hätt den Appel von dem Baum
Er sicherlich gefresse kaum;
Hätt sich die Sach ehrscht iwwerdacht
Un Äppelwei aus ihm gemacht.
Hätt des der liewe Gott geseh,
Hätt der genickt: „Guck, des is schee!“

Doch weil er des net hat beacht,
Sin wir ums Paradies gebracht,
Un wolle merr doch selig sei,
Da häßt's: Halt dich an Äppelwei,
Da kimmt derr langsam mit der Zeit
So e Gefühl von Seligkeit
Als deet der Erdball dir geheern —
Wann nor die ose Bää net weern!

A. Stoltze.

Postkarte von ca. 1920 in Privatbesitz
("Streichholzkarlchen" am rechten Bildrand)

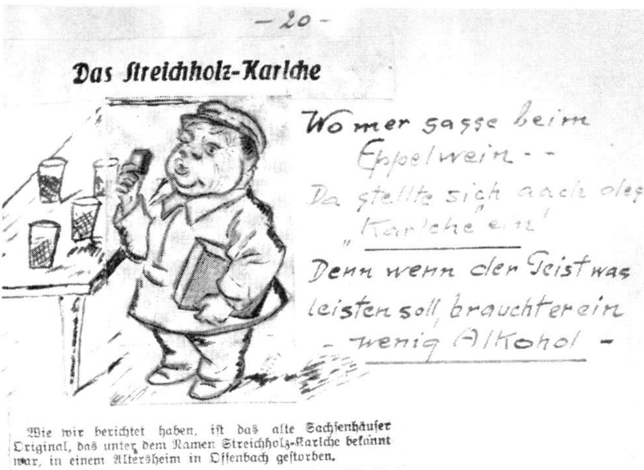

Aus dem Tagebuch - Nachlass eines Offenbacher Bürgers. Er führte diesen, wahrscheinlich selbstgedichteten Vers, unter dem Datum Dezember 1945, obwohl die Todesnachricht aus dem Jahre 1939 stammt.
(Die Frankfurter bezeichneten ihn gern als Sachsenhäuser Original)

Streichholzkarlchen im Fastnachtszug 1936 oder 1937 am Maindamm

Waldstraße Ecke Feldstraße. Im Hintergrund ehem. Drogerie Weber.

...und noch ein "Streichholzkarlchen"! Herrmann Schoppe als Teilnehmer des Fastnachtszuges in Offenbach/Bürgel Mitte der 80er-Jahre.

Gerberstraße 34 - heute Arthur-Zitscher-Straße 4
(Wohnhaus des Karl Winterkorn)
Aufnahme aus den 20er-Jahren

„Maabär“

Franz Georg Weber (21. Mai 1867 in Gießen - 13. Oktober 1935 in Offenbach/M).

Mit seinen Eltern und seinem Bruder verbrachte er bereits seine Jugend in Offenbach. Die Liebe seiner Eltern zur freien Natur und der waldreichen Umgebung haben den Eltern bereits den Namen „Waldläufer“ eingebracht. So ist es nicht verwunderlich, dass Franz Georg Weber schon früh seine Liebe zum Main entdeckte.

Ob er einen Beruf erlernte oder sich schon gleich von Hilfsarbeiten „ernährte“, lässt sich nicht mehr gesichert feststellen. Allerdings ist bekannt, dass er sich schon früh unter die „Indifferente“ gemischt hat mit den Worten: „Wer Arweid kennt und sich net drickt, der is verrickt.”

So lebte Franz Georg Weber im Sommer unter der Mainbrücke nach Fechenheim, die genau 20 Jahre nach seiner Geburt fertig gestellt wurde. Am 1. Oktober 1887 war Brückenweihe.

Aus Franz Georg Weber wurde der „Maabär“.

Obwohl er so dicht am Wasser lebte, hielt er nicht viel von der Sauberkeit seines eigenen Körpers. Sein Bart sprießte, und man erzählte sich, dass ihn einmal ein Offenbacher Maler als Modell gewinnen wollte. Das war wohl kein leichtes Unterfangen bei diesem eigenbrödlerischen Menschen. Aber er tat´s, ließ sich von dem an ihn ausgezahlten Handgeld den Bart abrasieren und ging ungemalt an den Main zurück mit den Worten:“Die bezahle die Leut, damit se in die Stadt gelaafe komme und schicke se dann für nix widder fort.”

So lebte er im Sommer unter „seiner“ Brücke, und im späten Herbst fand er jedes Jahr Aufnahme im Armenhaus/Versorgungshaus (Anm.: das heutige städt. Altenheim am Hessenring). Man erzählt sich heute noch vom Maabär, dass er viele Menschen vor dem Ertrinken im Main gerettet haben soll. Ganz aktenkundig ist dies nicht, vielleicht hat er einmal diesem oder jenem , der aus dem Wasser ans Ufer kroch, die helfende Hand gereicht. Ob er jemanden richtig „herausgeholt“ hat - da sind die Erinnerungen in den letzten Jahrzehnten sicher sehr „verschwommen”. Der Maabär jedenfalls konnte nicht schwimmen!

Feststeht, dass er trotz seines etwas verwahrlosten äußeren Eindruckes ein lieber Mensch war und das Leben in seiner ihm eigenen Art genoss. Er war viele Jahre als Floßgehilfe tätig, auch half er bei den ortsansässigen Rudervereinen, die Boote zu den auswärtigen Rennen zu verladen. Mit dem damit verdienten Geld bestritt er seinen Lebensunterhalt.

Eines Tages sagte ein Offenbacher Wachtmeister mit norddeutschem Dialekt zu Franz Georg Weber:“Na, wie jet et, Mainbär?“ Worauf Frank Georg Weber ihn mit dem Götz von Berlichingen „grüßte“. Der Wachtmeister wollte den Maabär verhaften, es kam zu einer kleinen Rangelei, bei der der Wachtmeister hinfiel. Der Maabär entzog sich seiner Verhaftung durch Flucht und versteckte sich einige Zeit. Als nun das Wetter schlecht wurde, meldete sich der Maabär bei der Polizeiwache, um ein warmes Plätzchen zu bekommen. Er wurde verurteilt. Zu seiner Verteidigung sagte er damals:“Ich lass mich doch net von jedem Hergelaafene „Maabär“ nenne, ich haaß Franz Weber!“

Eine andere Geschichte ist die, dass ein Offenbacher Wirt einmal Franz Georg Weber verspotten wollte. Der Maabär erwiderte:“In mei Wohnung kimmste emal net!“ Damit meinte er sein Freiquartier unter der Mainbrücke.

Im Januar des Jahres 1935 ging die Trauerkunde durch die Stadt, dass der „Maabär“ das Zeitliche gesegnet habe. Zur größten Freude der Offenbacher bewahrheitete sich diese Trauerbotschaft nicht. Er saß quietschvergnügt, seine dicke Zigarre rauchend, im

Versorgungsheim. Auf die Frage nach seinem Befinden hatte er gesagt.:“Gestorwe soll ich sei! Sache se de Offebacher, dass ich noch kaa Lust hab zu sterwe, unn in e paar Woche widder an de Maa zu gehe gedenk. Unn außerdem, wenn ich werklich gestorwe wär, dann hätt ja die „Hellas“ un die „Undine“ halbmast flagge müsse!“

Das Leben in den vielen Jahren im Freien sind nicht spurlos am Maabär vorbeigegangen. Hier hat sich die Mär vom Todgesagten, der länger lebt, nicht erfüllt. Er starb noch im gleichen Jahr an einem Sonntagnachmittag im Offenbacher Stadtkrankenhaus

Das Grab auf dem alten Friedhof erinnert heute noch an den „Maabär“..

In den 60er-Jahren wurde ihm eine ungewöhnliche Ehre zuteil. Man hatte ein - meist am Kai festliegendes - Vergnügungsschiff nach ihm benannt. Später wurde das Schiff „Maabär“ in das Tanzschiff „Lord Nelson“ umgetauft. Heute ist das Schiff verschwunden. An dem Platz an dem es festgemacht war, füttern heute Kinder und einige Erwachsene die zahlreichen Schwäne und Enten.

Am 1. Oktober 1887 wurde Brückenweihe gefeiert. Bürgermeister Brink wurde anlässlich dieser Brückeneinweihung durch großherzogliches Dekret zum Oberbürgermeister Offenbachs ernannt. Er hielt die Festansprache. Die alte hölzerne Schiffsbrücke am Schloss war demontiert und wurde abgetragen. Am 4. Dezember des Folgejahres nahm die Fähre zum Fechenheimer Ufer ihren Betrieb auf.

Einem Mitbürger ging die Demontage seiner geliebten alten Brücke ganz besonders zu Gemüt. Er ließ ein Gedicht mit Trauerrand versehen und an die Zuschauer verteilen. Nachstehend die erste Strophe des Gedichtes, aus der man schon erkennen kann, wie die „Altstädter“ ihre alte Brücke geliebt haben, und wie weit weg jetzt die neue steht.

Abschied!

Die Brick is fort, die Brick is fort
Unn eed unn draurig is de Ort
Wo unser alte Schiffbrick stand;
Unn jeder aus de Altstadt seegt
Sich gramerfillt unn diefbewegt:
„Dess is unn bleibt for uns e Schand“
E Brick ze stelle an e End,
Wo mer fast nackisch laafe kennt.

Die Schiffbrücke, errichtet 1819

„Bagger Herrmann“

Franz Anton Herrmann (1858 - 1940) entstammte einer rheinhessischen Fischerfamilie und fuhr in jungen Jahren auf einem Baggerschiff, bis es ihn nach Offenbach verschlug. Mit seinem rauschenden Vollbart konnte man ihn bei jeder Witterung am Main beobachten. Er kannte jedes Schiff, jeden Schlepper oder Flößer und natürlich auch die Boote der hiesigen Rudervereine, von denen er aber geringschätzig sagte: „Die mache ja nur eß Wasser struwwelig un verscheuche die Fisch.”

Man erzählte sich vom „Bagger Herrmann“, dass er bei seiner früheren Tätigkeit zu manchem Trinkgeld gekommen sei. Um dies dem Zugriff seiner Frau zu entziehen und für alkoholische Freuden umzusetzen, pflegte er das Trinkgeld in seinen Hemdzipfel einzubinden. Einmal habe er sich dabei aber doch geirrt und beim Schlafengehen das Geld nicht in sein Hemd, sondern in das seiner besseren Ehehälfte eingeknüpft. Diese sei am nächsten Morgen über den unerwarteten Fund sehr erfreut gewesen.

Franz Scheffel an seinem 80. Geburtstag

„Es scheene Fränzje“

Franz Scheffel (23. April 1858 - 22. Mai 1940) in der Kleinen Marktstraße in Offenbach als Sohn des Hutmachers Konrad Franz Scheffel (auch als damaliges Original „de schwarze Scheffel“ bekannt) auf die Welt gekommen. Es ist sicherlich klar, dass „es scheene Fränzje“ auch einen gewissen Schuss Mutter- oder vielmehr Vaterwitz im Blut hatte. Seine Eltern betrieben einen Hutladen und später ein Kohlengeschäft. Er erlernte aber - im aufblühenden Ledergewerbe der Stadt - den Beruf des „Bordefellers“ Man sagte, die „Babbscher“ seien damals für ihre Schlagfertigkeit und für ihre „blauen Montage“ (die oft drei Tage gedauert haben sollen) bekannt gewesen. Die heimischen Gasthäuser seien in diesen Tagen sehr gut besucht gewesen!!! Allerdings ist dann für die andere Hälfte der Woche oft bis in die Nacht hinein gearbeitet worden, um den Rückstand aufzuholen. Allgemein bekannt war auch, dass die Handwerker ihre Füße in einen Kübel mit kaltem Wasser gestellt haben, um bei der Arbeit nicht einzuschlafen.

„Es scheene Fränzje“ heiratete ein „echt Müllemer Mädche“ und bekam mit ihr 13 Kinder. Drei Söhne sind allerdings im Ersten Weltkrieg gefallen. Der Ordnung halber mussten die Kinder beim Essen immer gezählt werden, dass auch ja keines vergessen wurde!

Als er einmal in der preußischen Klassenlotterie einen größeren Geldbetrag gewann, legte er einen Teil in Spirituosen an, und vom anderen Teil ließ er sich mit der Chaise (Kutsche) durch die Stadt fahren, getreu seinem Motto: „Aamal gut gelebt, denkt aam ewig.”

„De klaane Hanitsch“

Ludwig Hanitsch (9. Dezember 1882 - 6. September 1940) stammt aus einer alteingesessenen Offenbacher Familie. Bei allen Jungenstreichen war er dabei, was ihm in seiner Schulzeit so manches „Nachsitzen“ einbrachte.

Er erlernte später den „Babbscherberuf“. Hier verstand er es, sich mit seinem Witz und seiner Pfiffigkeit durchzuschlagen. Es war verboten, während der Arbeit Alkohol zu trinken, aber „de klaane Hanitsch“ hat es doch fertig gebracht, mit einer Kordel um den Bauch unter seinem Arbeitskittel die Bierflaschen durchs Kontor (Büro) zu schmuggeln.

Wenn er saisonbedingt keine Arbeit hatte, gelang es ihm, seine Familie mit anderen Arbeiten zu ernähren. Er hat sich vor keiner Arbeit gescheut, so hat er zwischendurch als Straßenreiniger gearbeitet. Seinen Humor hat er dennoch nie verloren.

Als treuer Kickersfan hat er kein Spiel seiner Manschaft versäumt und mit seiner lautstarken Sängerstimme unterstützt.

Als er einmal mit Sängerfreunden nach einem Konzert in Frankfurt noch in Sachsenhausen eingekehrt war, und es ans Bezahlen ging, rief er trocken aus: „Ei maant ihr vielleicht, de Merzbach* wär mein Onkel, oder de lange Ludwig in Dammstadt hät bei mer Pate gestanne?“

* Merzbach war ein bekannter Offenbacher Bankier

Restaurant Künstlerklause zum Fallschirm
Inh. Fritz Nagel, Humorist. S. w. J. 3065
OFFENBACH a. M., Geleitstr. 7 (nächst dem Markt)
Motto: Wer bei Humor, trotz chronischem Dalles,
Ist reicher doch, wie der, der alles
Auf dieser schönen Welt genießt,
Denn arm wird nie ein Humorist.

„De Schwutt“

Fritz Nagel (15. März 1874 - 25. Februar 1937) ist als drittes von zehn Kindern des damaligen Flurschützen Nagel im Offenbacher Schloss auf die Welt gekommen. Mit den Worten „Weil ich im Schloss geboren bin, bin ich auch Schlosser geworden“ hat er immer seinen späteren Beruf zu deuten gewusst.

Seinen Uznamen „Schwude“ oder „Schwutt“ hat er von seinem Urgroßvater geerbt, der als Wachtmeister in einem Dragonerregiment bei einer Parade den anreitenden fürstlichen Besuch mit den Worten gemeldet hat: „Ewe kommt die Dorschlaucht mit ihrer ganz Schwutt“

Später hat „De Schwutt“ in der Geleitsstraße die Künstlerklause „Zum Fallscherm“ eröffnet und ist so in die Fußstapfen seines Vater getreten, der früher auch ein Lokal betrieb. Im Lokal des Fritz Nagel hatte der Kabarettverein „Die gute Kinner“ - die aufgrund ihrer humoristischen Aufmachung jedem Festzug seine besondere Note gaben - sein Vereinslokal.

Als „De Schwutt“ einmal selbst ein Offenbacher Lokal besuchte und an der Theke stand, fielen dem Wirt beim Herausholen von Gläsern oben aus dem Schrank einige herunter. Eines davon fiel dem Schwutt gerade auf den Kopf. Als der Gastwirt sich vielmals entschuldigte, hat der Schwutt nur gesagt: „Was wolle Se dann, Sie hawe doch de Nagel uff de Kopp getroffe!“

„ De scheppe Hannes“

Johannes Winter (1877 - 1934) wohnte mit seiner Mutter in der Glockengasse, seinen Vater hat er früh verloren. Von Geburt an war er verwachsen und geistig zurückgeblieben, doch hat er es verstanden, seinem Leben einen Sinn zu geben. Sein Sprachschatz war ausgesucht klein, und das Zitat aus Goethes Götz von Berlichingen ist sein Leibspruch gewesen, welchen er am Tag mehrfach vor sich hinmurmelte. Durch kleine Handreichungen verdiente er sich sein Essen. Auch sah man ihn an den Markttagen neben der Rosen-Apotheke am Boden sitzend und seine Kappe neben sich gelegt, um von den Vorübergehenden ein paar Pfennige zu erbitten. So hat er sich durchs Leben geschlagen.

Seine größte Freude war, wenn ein Festzug oder die 168er-Regimentskapelle durch die Straßen zog. Vorneweg ging „de scheppe Hannes“ mit einem Stöckchen in der Hand den Takt schlagend. Da war er in seinem Element, und seine Augen haben gestrahlt.

Von Natur aus gutmütig, war er ein grundehrlicher Mensch. Nach dem Tod seiner Mutter fand er im Versorgungshaus * Aufnahme. Hier hatte er seinen „Lebensabend“ mit kleinen Botengängen und Gartenarbeit verbracht, bevor er 57-jährig verstarb.

* Das heutige Altenheim am Hessenring.

„Die Rohrdommel“

Heinrich Lipps (4.Mai 1842 - 31.Dezember 1932) in Bürgel geboren, war im Hauptberuf Holz- und Beindreher * und im Nebenberuf als Leichenbegleiter eine stadtbekannte Persönlichkeit. Die Leichenbegleitergilde , zu der auch „de Mühlum“, „de Lochmann“ „de Hof“ und der Kutscher Christian vom Fuhrgeschäft Robert Hufnagel im Biergrund gehörte, waren meist leicht abkömmliche, selbstständige Handwerker. Je nach Geldbeutel hat es damals verschiedene Beerdigungsklassen gegeben: 1. Klasse 3.60, 2. Klasse 2.80 und 3. Klasse 2.20.

Nach der Beerdigung ging man in seine entsprechende Stammkneipe, um „die Gorjel naß zu mache“. Manchmal hat dann auf dem Heimweg der Zylinder nicht mehr ganz gerade gesessen, aber das sah man den Leichenbegleitern nach. Allerdings nicht nachsehen konnte man es den Herren, wenn eine Leiche verloren gegangen ist; hier erzählte man sich im alten Offenbach eine Geschichte, die damals auch schon einige Jahre zurücklag: Es war eine Leiche in Langen abzuholen, vorher hat man sich noch kräftig „gestärkt“ und zwischendrin in Sprendlingen gab es ja auch noch viele Wirtshäuser! Brauchgemäß wurde im Trauerhaus auch noch Korn ausgeschenkt, aber davon hat man ja „noch mehr Dorscht gekrieht“, der auf dem Heimweg wiederum in Sprendlingen gestillt werden musste. So kam es, dass die beiden Leichenbegleiter „müd“ wurden und sich neben den Sarg gelegt haben.

* Drechsler
In dieser Zeit wurden u.a. Möbelgriffe/Knäufe aus Holz von Hand auf der Drehbank gedrechselt. Kleiderknöpfe, Messergriffe und Stockgriffe wurden aus Tierknochen und Horn hergestellt

Unbemerkt hat sich das hintere Wagenbrett heruntergeklappt, und der auf Rollen ruhende Sarg hat sich beim Wiederbeginn der Fahrt selbstständig gemacht. Als das Pferdefuhrwerk am Friedhof ankam, und der Friedhofsverwalter „den Verlust" feststellte, sind die Leichenbegleiter den gleichen Weg zurückgefahren. Man erzählte, in der Sprendlinger Landstraße habe man den „Verlorenen" wieder gefunden. Gegen Mitternacht wurde dann der Sarg ordnungsgemäß am Friedhof abgeliefert.

„Die Rohrdommel" oder „Vater Lipps" war ein leidenschaftlicher Kartenspieler und neben seinem Humor auch mit gutem Durst ausgestattet. Als ihn sein Arzt einmal fragte: "Was machen Sie denn, dass Sie immer so gesund und humorvoll sind?", hat er geantwortet: „Mei Rezept is aafach, Herr Dokder, es muss jeden Awend hier stehje", und deutete dabei mit der Hand an den Hals: „Da kann kaa anner Krankheit enei!"

Geburtsort Bürgel

„De Gaase - Herrmann“

Johann, Karl, Wilhelm Herrmann (8. November 1856 - 6. Dezember 1923) war der Sohn von Johann Friedrich Herrmann und genau wie sein Vater Schreinermeister. Im Nebenberuf war er Ziegenzüchter, daher auch sein Uzname.

Er war sehr fleißig und hat oft von früh morgens bis spät in die Nacht hinein gearbeitet, aber immer blieb noch ein bisschen Zeit für einen gemütlichen Schoppen in einem der urigen Offenbacher Wirtshäuser. Seine Werkstatt hatte er im ehemaligen Heimatmuseum gegenüber dem Schloss (Anm.: Heimatmuseum im Krieg zerstört). Als die Meisterschule, die heutige Hochschule für Gestaltung aufgebaut wurde, übte er zu seiner Zeit gewissermaßen das Amt des Schlosshofpolizisten aus, um allmorgendlich die „Läuszippel“ die ihren Unfug trieben, zur Ordnung zu rufen - immer begleitet von seinem kleinen Hund „Molli“.

Die Überlieferung berichtet auch, dass Vater und Sohn im Sommer oft ihr Mittagsschläfchen in den von ihnen angefertigten und zum Trocknen aufgestellten Särgen gehalten haben.

„De Zauwer - Schorsch“

Georg Lang (31. Januar 1868 - 19. Mai 1922) wurde in Klein-Heubach geboren. In jungen Jahren hat es ihn schon nach Offenbach verschlagen. Der gelernte Tapezierer war in den Wirtshäusern gerne gesehen, weil er die Gäste mit Zauberkunststückchen in Staunen versetzen konnte. Er verfügte zudem über außergewöhnliche Körperkräfte und soll hypnotische Fähigkeiten besessen haben, mit denen er sogar „hartnäckig willensstarke“ Personen in Trance versetzen konnte.

Georg Lang war aber auch in seinem Tapeziererfach ein Genie. Es hieß, in punkto Schnelligkeit wäre ihm keiner gewachsen. So hat er einmal den Auftrag bekommen, den Stadtverordnetensitzungssaal zu tapezieren. Als Termin war vereinbart, dass der Saal bis zur nächsten Sitzung - Donnerstag 18.00 Uhr - fertig sein solle. Als am Dienstag davor noch keinerlei Anfang gemacht war, hat ein städtischer Beamte den Meister Lang angemahnt. „Wann is euer Sitzung“ hat der ganz ruhig gefragt. „So, am Donnersdaag, no bis dahie dapezier ich den Saal zwaamol, wanns sei muss!“ Durch andere Arbeiten abgelenkt, ist er erst am Mittwoch gegen Abend dazugekommen, den Auftrag auszuführen. Der Lehrbub hat die Tapete zugeschnitten, zwei Gesellen haben angeschmiert. Meister Lang selbst ist auf die Stehleiter gestiegen und säuberlich wurde Tapete an Tapete geklebt. Er ist mit der ganzen Leiter durch den Raum gehüpft und erst hinuntergestiegen, als der Saal ringsum tapeziert und das „Bördche obbe dra war“. Am Donnerstag sollen die Stadtväter große Augen gemacht haben, und man munkelte von den Heinzelmännchen, die da gewesen seien.

„Es Gänsaag“

Heinrich Johann Schneider (1845 - 1921) war ein „Babbscher“ (Portefeuiller) - Original. Seinen Uznamen verdankte er einem missgebildetem Auge.

Da er sein Leben lang wenig Geld hatte, hat ihm manch einer einen Schnaps ausgegeben, wenn er sein Lieblingslied „Gänsaag sitzt in tiefer Trauer uff de hohe Kirchhofmauer“ sang.

Lange Jahre wohnte „Es Gänsaag“ im Armen/Versorgungshaus (das heutige Altenheim am Hessenring). Hier wurde auch - in den Stallungen nebenan - der Gemeindebock gehalten. Als dieser an einem Samstagnachmittag eine ihm zugeführte Ziege nicht decken wollte, meinte „Es Gänsaag“ viel sagend zum Verwalter: „Sie, Herr Verwalter, des is en städtische Beamde, un der schafft Samstagnachmittags nix!”

„De weise Lui"

Ludwig Theiß (25.04.1850 - 14.08.1912) wurde als echte „Rheinschnake" in Worms geboren. Er erlernte den Beruf des Weißgerbers, was ihm wohl seinen Spitznamen eingebracht haben dürfte. Als jungen Gesellen hat es ihn in die Lederstadt Offenbach verschlagen, er hat unsere Stadt kennen und lieben gelernt und auch hier geheiratet. Durch seine Tüchtigkeit und Spezialkenntnisse war er im Ledergewerbe ein gesuchter Mann, der „ en scheene Batze Geld" verdiente. Mit seinem rheinischen Humor - und auch immer gesunden Durst - war er in Gesellschaften ein gern gesehener Gast. Es waren wohl köstliche Stunden, wenn er in halb pfälzisch und halb offenbacherisch seine Witze machte. Sein Wahlspruch lautete: „ Kannscht hie un do nix G`sündres mache, als dich gehörig krank zu lache!"

Viele Anekdötchen ranken sich um den weisen Lui, so auch diese: als er wieder einmal mit einer leichten Schlagseite nach Hause kam, hat er sich einen Krug Apfelwein neben sein Bett auf das Nachttischchen gestellt mit den Worten: „ Anna, ich stell do en Krug hie for die Nacht, wann ich dorschtig bi, weckscht mich uff". „Du Dussel", mahnte die Anna, „ wie soll ich denn wisse, wann De Dorscht hast?" - Ruhig erwiderte der weise Lui: „No ja, wann de mich weckscht, bin ich nadierlich dorschtig!"

Ende der achtziger Jahre des vorigen Jahrhunderts zog er mit seiner Familie nach Paris, um für ein paar Jahre die Stelle eines Gerbermeisters einzunehmen. Als er dann nach Offenbach zurückkehrte, tat er dies mit den Worten: „Wer aamol Offebacher Flaaschworscht gesse hot, kemmt immer widder!"

Glockengasse "Restaurant Fuchshöhle"

„Onkel Haacke“ oder „Schmetterschorsch“

Georg Haacke (8. März 1832 - 14.Februar 1910) in Rumpenheim geboren, verschlug es schon in jungen Jahren von der ländlichen Umgebung in das lebhaftere Offenbach. Über 50 Jahre hat er es verstanden, als Gastronom um das Wohl seiner Mitmenschen besorgt zu sein. Mit Selterswasser betrieb er seinen ersten „Saftladen“, und zwar auf dem Mathildenplatz im Depothäuschen von der „Knochemiehl“. Damals ist die erste Straßenbahn noch von der „Landesgrenze“- Stadtgrenze Frankfurt - bis zum Mathildenplatz gefahren.

Nicht lange dauerte es, und er hat sich ein neues Betätigungsfeld gesucht. Dies fand er in der Wirtschaft von der Brauerei Waller in der Frankfurter Straße (an der Stelle, wo früher das Haushaltswarengeschäft Eisen-Schneider war). Später eröffnete „Onkel Haacke“ dann den „Rheinischen Hof“, Ecke Herrnstraße und Französisches Gässchen, der sich als wahre Goldgrube zeigen sollte. Hier war das Tagungslokal des Schützenvereins und vieler anderer Vereine.

Ein paar Jahre später war er Gastwirt der „Fuchshöhle“ in der Glockengasse, und zuletzt führte er das Lokal „Zum alten Sänger“ in der Geleitsstraße, welches man auch die „Schmetterloog” nannte.

Als „Onkel Haacke“ noch körperlich fit war, ließ er es sich nicht nehmen, seine Einkäufe für die Küche seiner Gastwirtsbetriebe selbst zu übernehmen. An jedem Markttag erschien er auf dem alten Markt, machte ein sorgenvolles Gesicht und begann seine immer gleich bleibende Rede mit den Worten: „Ihr Berjer*, es werd immer ärjer.“

Noch lange nach seinem Tode war dies ein geflügeltes Wort.

* Berjer = Bürger

„Kasper Keilbach“ oder „Es Käspcherche“

Kasper Keilbach (20. November 1835 oder 31. Dezember 1838 ? - 14. August 1908)

Er war ein Findelkind. Man hat ihn - in Tüchern eingewickelt - auf der ehemaligen Pauser´schen Bleiche * neben dem ehemaligen Friedhof (heutiger Wilhelmsplatz) am Keilbach gefunden (siehe Stadtplan von 1832). So hat der Fundort ihm seinen Namen gegeben. Da die Eltern nicht festzustellen waren, hat sich die evangelische Gemeinde und später die Stadt des Findlings angenommen. Pflegeeltern haben das „zarte Pflänzchen“ erzogen. Nach der Schulzeit sollte er das „Bordefeller-Handwerk“ erlernen. Aber „Käsperchen“ hatte kein Sitzfleisch und hat sich nicht sonderlich für diesen Beruf interessiert. Er hat lieber Bilderrahmen, Körbe und Windmühlen hergestellt und diese als „fliegender Händler“ unter die Leute gebracht. Sehr beliebt waren bei den Kindern seine Luftballons, Pfeifchen und Trompetchen.

Bei den Musterungen der angehenden Soldaten, die in Schlossers Liegenschaften (heute ungefähr dort, wo der d´ Orville-Park ist) stattfanden, verkaufte „Kasper Keilbach“ bunte Bänder. Die Freigestellten kauften rote breite, die Zurückgestellten die weniger breiten grünen und die Gezogenen die schmalen blauen Bänder. Das er mit all´ diesen Handelsgeschäften nicht zu großen Reichtümern gekommen sein kann, erzählt uns folgende Geschichte: Als er wieder einmal knapp bei Kasse war und seinen Lieferanten für die bunten Bänder nicht bezahlen konnte, sagte er zu ihm, als er ihn zufällig traf: „Komm nur, wenn du kannst, und hol dir dein Geld.” „Kasper Keilbach“ wohnte zu dieser Zeit in einer Dachwohnung, zu der es keinen Treppenaufgang gab. Man musste von außen unter das Fenster eine Leiter anlegen, um in seine Wohnung zu kommen. Aber das schlaue „Käsperchen“ hat diese Leiter - wenn er in seiner Wohnung war - wieder eingezogen. Als dann der Lieferant kam und das ihm zugesagte Geld abholen wollte, musste dieser laut fluchend und unverrichteter Dinge wieder abziehen.

Eine andere Geschichte erzählte man sich noch: Als die Schlacht von Sedan gewonnen war, und die Siegesnachricht in alle Welt hinaus ging, da wurden überall Depeschen gedruckt.(aus diesem Grunde wurde „Kasper Keilbach“ auch „Depeschenkasper“ genannt. Als sehr geschäftstüchtiger Mann hat er die noch druckfrischen Nachrichtenblätter in der Druckerei abgeholt und ist sofort gen Mühlheim gezogen, da er sich ob der starken Konkurrenz in Offenbach auf dem Lande mehr Umsatz erhoffte. Kaum an der „Roten Warte“ angekommen, traf er auf den Hannes - seinen ärgsten Widersacher. Erst gingen Schimpfworte hin und her, und dann kam es zu einer richtigen Keilerei. Man zerriss sich nicht nur gegenseitig die Kleider, sondern auch den größten Teil der Depeschen. Als der Kampf zu Ende war, nahm jeder seinen Rest der Depeschen auf und ging mit verbissener Miene nach Mühlheim, um seine Blätter an den Mann zu bringen. So haben die Mühlheimer anno 1870 eine Stunde zu spät von der Siegesmeldung der Schlacht bei Sedan erfahren.

Kasper Keilbach war ein gutmütiger Mensch voller Witz und Humor. Sein roter langer Vollbart wehte ihm ums Gesicht. Wer ihn mit Sprüchen geärgert hat, dem ist er die passende Antwort nicht schuldig geblieben.

Ausschnitt aus einem Stadtplan von 1832
zur Darstellung des Fundortes von Kasper Keilbach

* Bleiche und Friedhof

Hat er hier noch "gehockt" oder schon auf dem "Neumarkt"? - heute Wilhelmsplatz - der 1866 eröffnet wurde (der alte Markt wurde zu klein und in Teilen ausgelagert). Bis 1903 war der alte Markt Standort der Offenbacher Wochenmärkte.

„Crönlein, Gummernzeit“

Johann, Georg, Josef Crönlein (5. Dezember 1849 - 6. April 1908) war ein „ausgewachsenes Siebenmonatskind“, wie man in Offenbach groß gewichtige Personen bezeichnete. Bei einem Meter neunzig Körpergröße und einem Gewicht von nahezu drei Zentnern im Erwachsenenalter ist dies verständlich.

Zuerst in der Frankfurter Straße 12 und später in der Sandgasse gegenüber dem Pfandhaus - betrieb er eine Viktualienhandlung und eine Einlegerei von Gurken („Gummern“) , Sauerkraut und grünen Bohnen. Diese verkaufte er - neben Frischgemüse - auf dem Offenbacher Wochenmarkt und war wohl der bekannteste „Markthocker“ dort. Wo er aufgetaucht ist, hat man nur das geflügelte Wort „Crönlein, Gummernzeit“ gehört, worauf er nur gutmütig „mhm, mhm“ gebrummt hat.

Sein bescheidenes Wesen und seine witzige Ausdrucksweise machten ihn zu einem gern gesehenen Gast am Stammtisch. Seine Hilfsbereitschaft und oft auch finanzielle Unterstützung für in Not geratene Mitbürger haben die Menschen nicht vergessen. Unter großer Beteiligung ist „Vater Crönlein, Gummernzeit“ auf dem Offenbacher Friedhof beerdigt worden.

Der damals noch weit vor der Stadt gelegene Offenbacher Bahnhof wurde am 15. November 1873 in Betrieb genommen.

„Die lang Hanne“

Heinrich Bender (27. September 1862 - 1. September 1906) war von großer Gestalt, hier kam auch sein Uzname her. Er war ein rechtschaffener Familienvater von 7 Kindern und wohnte im Kleinen Biergrund. Von Beruf war er Dienstmann, und er stand mit seinem blank geputzten Messingschild an der roten Dienstmütze und seiner Armbinde am Lokalbahnhof oder am Hauptbahnhof, um den Reisenden „dienstbar“ zu sein.

Sein Stammlokal war „Die Abruzze“ gleich neben seiner Wohnung, von hier aus hatte er nicht weit, wenn er mal „e Ratt im Sack“ hatte. Eines Abends- er hatte sehr gut verdient, weil er einem Reisenden den ganzen Tag die Musterkoffer von Geschäft zu Geschäft geschleppt hatte - kehrte er auf seinem Nachhauseweg in der „Abruzze“ ein. Der Wirt war nicht sonderlich gut gelaunt, weil es schon spät war, und viele Gäste nicht nach Hause gehen wollten. „Die lang Hanne“ trat freundlich grüßend ein, allerdings in gebückter Haltung, weil er sonst mit seinem Kopf an die Zimmerdecke gestoßen wäre. Er bestellte sich einen Korn und ein Glas Bier, worauf der gereizte Wirt sagte: „Bezahl erst emal des annere, was de noch uff de Kreidetafel stehe hast!” Das war dem „Lang Hanne“ zu viel. Er machte das Fenster auf, stieg hinaus und rief dem Wirt zu: „Wann ich kaan Kredit hab, kann ich aach for mei Geld woannerst mein Dorscht stille!“

* 1847 wurde die “Gasgesellschaft in Offenbach” mit Sitz in der Ludwigstraße Ecke Bernardstraße gegründet. Im Februar des Folgejahres brannten bereits in der Frankfurter Straße, Kaiserstraße, Domstaße, Schloßstraße und am Aliceplatz die ersten gasbetrieben Straßenlaternen.

1879 verkaufte das Gaswerk bereits eine Million Kubikmeter Gas im Jahr, im Jahre 1900 konnten 5 Millionen Kubikmeter abgegeben werden.

1904 entstand auf dem neuen Gelände am Nordring ein Gasbehälter mit einem Fassungsvermögen von 30.000 Kubikmeter.

1908 waren die Anlagen am Nordring ausgebaut, das Werk Ludwigstraße wurde geschlossen.

„Luther Nagel“

Hermann Nagel (5. März 1840 - 15. November 1903) ist als echter „Offebacher Bub“ in der damaligen Altstadt in der Glockengasse zur Welt gekommen. Er entstammte einer alten Bürgerfamilie, und er hörte auch auf den Namen „Luther“. Er hat den Beruf des Spenglers erlernt und war über 30 Jahre als Installationsmeister beim Offenbacher Gaswerk * tätig und war daher schon eine stadtbekannte und beliebte Persönlichkeit. Der „Luther Nagel“ war stets gut gelaunt und zu allen Schandtaten bereit. Als im Jahre 1882 der Offenbacher Zeichner und Lithograph Georg Schmitt im Stadtgarten seine „Martin Luther-Festspiele“ inszenierte, fehlte ihm der Hauptdarsteller. Kurzerhand fragte er seinen alten Schulkameraden Hermann Nagel, ob dieser nicht den Luther spielen wolle. Dieser hat sofort zugesagt. Nagel hat seinen schönen Vollbart für diese Darstellung geopfert und seine Rolle glänzend gespielt - bis zum Schluss. Hier hätte er sagen müssen: „Es ist vollbracht“ - stattdessen ist ihm wohl der Schalk im Nacken gesessen, und er sagte im Brustton der Überzeugung: „Es ist prachtvoll“ - was ihm wohl auch den Namen „Luther“ einbrachte.

„Luther Nagel“ war auch ein begnadeter Sänger. Das Echolied - welches er als Spengler besonders gern gesungen hat - intonierte er einmal so:“ Blechbix, Blechbix, rufts aus dem Wald.“ Womit er stets die größte Stimmung und Heiterkeit auslöste.

„De Reider-Appel"

Friedrich Appel (2.3.1837 - 5.9.1903) war der letzte Offenbacher Leinreiter. Er zog mit seinen Pferden auf dem Leinreiterpfad (auf der Fechenheimer Uferseite) an langen Leinen die Schiffe von Frankfurt bis Aschaffenburg stromaufwärts.

Gewohnt hat der Reider-Appel im Leinreiterhaus in der alten Mühlgasse.

Wenn keine Schiffe zu ziehen waren, sind die Leinreiter nebenher anderen Fuhrgeschäften nachgegangen. Gerne hat der Reider-Appel ein schönes Pfeifchen geschmaucht. Hier bevorzugte er von der Tabaksfabrik Ph. Casimir Krafft in der Schloßstraße, die Sorte „A. B. Reuter". Der Volksmund witzelte: „ A. B. Reider - drei Züg un do leith er." Dennoch war dieser Tabak sehr beliebt und fand reißenden Absatz.

Mit Einsetzen der Kettenschifffahrt (hier bei uns als die „Maakuh" bekannt) wurden die Leinreiter arbeitslos, so auch der Reider-Appel. Er mußte sich nach anderen Verdienstmöglichkeiten umsehen. Er fuhr wohl mit seinem Pferdefuhrwerk die Handpuhlmaschiene seines Sohnes („Puhl-Appel") mitsamt dem Schlauchwagen und dem Puhlfaß. Der Sohn betrieb dieses Geschäft bis in hohe Alter hinein, wenn auch schon „de Gäulsmetzjer immer mal ganz verstohle nach ihrm wunnerbare Ferdemaderial geschield hod."

Eine Geschichte,

die so um das Jahr 1866 (als „Maaster Duwack“ sicherlich seine „Geschäfte“ in Bieber abwickelte) passiert sein soll - hier als Anekdote erzählt:

Ein Landwirt (vielleicht aus Bieber?) war mit seinem Söhnchen bei einem Fabrikanten zu Tisch geladen worden. Er zog seinen besten Anzug an, der Junge wurde „gestriegelt und gebügelt“ und mit viel Ermahnungen, recht brav zu sein, mit auf den Weg genommen. Es herrschte also große Aufregung, dass ja nichts schief ging.
Es klappte auch alles recht gut; bis man beim Essen saß, bei dem für ein paar Minuten jene Ruhe eintrat, die der Offenbacher wohl als „gefräßig Still´” bezeichnet. Und diese Minuten hat der kleine „Läuszippel“ genutzt, um auch mal etwas sagen zu können. Es platze aus aus ihm heraus: „Gell Babba, grad´ wie bei unsere Säu deham, wenn die was zu fresse hawwe, halte se aach es Maul!!!“

„Maaster Duwack“

Johann, Jakob Krausch (25. März 1822 - 13. Juni 1897)

Seinen Uznamen bekam er daher, weil er die damals gebräuchlichen Gipsklöbchen (Tabakpfeifchen aus Gips) für Bekannte anrauchte und sich dafür in Tabak bezahlen ließ. Die eine Hälfte des Tabakes rauchte er selbst, und die andere Hälfte verkaufte er weiter, auch um seinen manchmal „unstillbaren“ Durst zu stillen.

Von Beruf war er Metzgermeister und hatte wohl auch eine kleine Metzgerei. Geld hat er meist keines gehabt, hat sich aber immer zu helfen gewusst. Als schlagfertiger „ Leutefopper“ gibt es viele Anekdoten von ihm zu erzählen: Einmal war im Anzeigenteil der Offenbacher Zeitung eine Anzeige erschienen, es seien in Bieber zwei fette Schweine zu verkaufen. Flugs hat sich Maaster Duwack über den Bieber Berg auf den Weg nach Bieber gemacht. Er besah sich die Säue, die wirklich schön fett waren. Mit der allein anwesenden Bauersfrau wurde er sich schnell über den Kaufpreis einig. „Wisse Se was,“ sagte Maaster Duwack: „Ich nehm die Säu am beste gleich mit, dann brauche Se se ach net mehr zu füttern.” Das leuchtete der Bauersfrau ein. „Aber wie ist es mit dem Bezahlen?“ fragte sie. „Ach, ewe seh ich, dass ich mei Geld dehaam in de Kommodschublad hob leie losse,” antwortete der Duwack. „Da kann ich se leider net alle baad mitnemme. Ich nemm nur aa jetzt mit unn hol des Geld unn nemm die anner hernach mit. Ich loss die aa Sau als Pfand so lang do. Ich bin de Metzgermeister Krausch aus Offebach.” Dies hat der Bauersfrau eingeleuchtet. Der Duwack hat der Sau einen Strick umgebunden und ist vergnügt nach Offenbach zurückgegangen, wo er sie auch gleich geschlachtet und Würstchen aus ihr gemacht hat. Wäre die Biebererer Bauersfrau heute noch am Leben, würde sie sicher immer noch auf das Abholen sowie auf das Bezahlen der ersten Sau warten.

Eine andere Geschichte ist die, dass der Metzgermeister seine selbst gemachten Würstchen, oft im Hausierhandel in Wirtshäusern verkaufte. Einmal kam er wieder mit seinem Wurstkorb im Arm in ein Gasthaus und fragte jeden Gast. „Wolle se e Werschtche?“ Hat der Gefragte „Naa“ gesagt (seine Würstchen waren nicht so beliebt wegen dem „Trab-Trab“ = Pferdefleischanteil) dann hat der Duwack erwidert: „Dann fresse Se Hundsbirn.“ Hat der nächste auch „Naa“ gesagt, so war die Antwort: „Dann fresse Se mit dem da!” Oft hat die Wirtshausgesellschaft seine Würstchen komplett aus dem Korb genommen und an den Kleiderhaken aufgehängt. „Meine Herre!“ hat der Duwack gesagt, „die Werschtcher kann ich net mehr verkaafe, die misse Se bezahle.” Unter großem Gelächter hat man dann auch bezahlt. Daraufhin hat der Duwack seine Würstchen flugs wieder abgehängt, in seinen Korb zurückgetan, um sie in einem anderen Wirtshaus erneut anzubieten!

Eines Tage beschloss Maaster Duwack, auf dem Nachhauseweg vom Frankfurter Viehmarkt noch mal in einem Wirtshaus Station zu machen, um einen Apfelwein zu trinken. Als der Kellner den von ihm bestellten Apfelwein gebracht hatte, sah er, dass es auch Bier gab. ”Ach, täte Se mer net e Glas Bier defür bringe?“ „Ei freilich“ sagte der Kellner und brachte dem Maaster Duwack ein Bier. Der Duwack trank das Bier aus, setzte seine Kappe auf und wollte weggehen. „Sie, Sie hawe Ihr Bier noch net bezahlt,“ rief ihm der Kellner zu. „Wos“, sagte der Duwack“, ich hab Ihne doch en Äppelwoi devor gewe!“ „Den hawe Se doch aach net bezahlt“, mahnte der Kellner. „Ei, den hab´ ich doch ach net getrunke“, rief der Duwack und ließ den verdutzt dreinschauenden Kellner stehen und verschwand zur Tür hinaus.

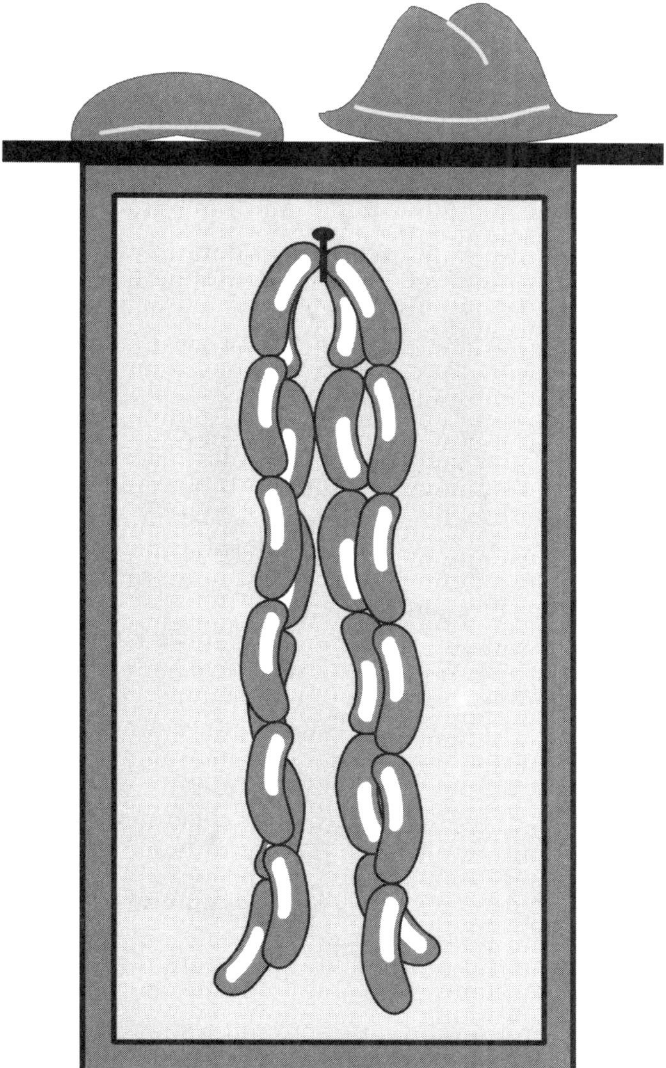

nach unbekanntem Zeichner

„Die Waarz"

Wilhelm Kopp (1811 - 1894) betrieb als Metzgermeister in seinem Geburtshaus in der Schloßstraße 30 eine gut gehende Metzgerei. Allerdings galt sein großes Interessse der Schauspielerei. Er war Mitbegründer und langjähriger Vorsitzender der damals bedeutenden Offenbacher Theatergesellschaft „Thalia“. Unter den Dramen und Schauspielen von Schiller gab es wohl kein einziges, welches er nicht gekannt hätte. Seine neuen Texte lernte er, indem er die Schriftstükke in der Wurstküche neben sich legte.

Nicht nur in Offenbach war er als Mime bekannt, auch „dripp de Bach“ (in Frankfurt) schätzte man sein schauspielerisches Können. So sehr, dass der Frankfurter Lokaldichter Friedrich Stoltze ihm das Gedicht „Die Warz“ gewidmet hat. Wilhelm Kopp hatte nämlich auf seiner Nase eine dicke Warze, die ihm seinen Uznamen gab, bei seinen schauspielerischen Tätigkeiten aber nicht im Geringsten störte.

Von den Aufführungen mit ihm und der Theatergesellschaft „Thalia“ im „Grünen Baum“ in der Sandgasse ist noch lange danach gesprochen worden.

Gasthaus "Goldene Hand"
Großer Biergrund, Ecke Ziegelstraße
Postkartenausschnitt von 1898

„Parre Herrmann“

Johann Peter Herrmann (9. oder 19.? Mai 1810 - 15. September 1886) wurde als einziger Sohn einer wohlhabenden, achtbaren Offenbacher Landwirtsfamilie geboren. Er wurde in „anspruchsloser Stille“ erzogen und genoss seinen ersten Unterricht in der damaligen deutsch-reformierten Volksschule. Später ging er zur Privatschule und wurde in Rechnen, Schreiben und französischer Sprache unterrichtet. Er verspürte wohl damals schon Lust, Theologie zu studieren. Seine Eltern allerdings haben ihn (sicherlich aus Nachfolgegründen) im Feldbau ausbilden lassen. Er lebte zu dieser Zeit fast eineinhalb Jahrzehnte still und zurückgezogen, ohne an den Belustigungen der anderen jungen Leute teilzunehmen. Er ging seiner Tätigkeit als Landwirt nach und las in seiner knappen Freizeit die Bibel. Sein Leben wäre sicherlich weiter so dahin verlaufen, wenn nicht eine in sein Leben einschneidende Begebenheit, ihn „geläutert“ hätte.

Lesen wir, was er wohl damals selbst niedergeschrieben haben soll: Eines Frühlingsstages saß er bei herrlichem Sonnenschein in seinem Garten, verrichtete ein Gebet, als plötzlich dunkle Wolken vor seine Augen zogen, aus denen sich leuchtende Strahlen über ihn ergossen. Als die Wolken verschwanden, sagte ihm eine Stimme:“Dein Gebet ist erhöret worden, und Du sollst nicht nachdenken und untersuchen was Dir jetzt begegnet ist!“ Soweit seine - wohlgemerkt eigene - Interpretation.

Eines Tages fand er bei seiner Feldarbeit einen riesigen Stein; er hatte plötzlich die Kraft den Stein zu bergen, und er setzte diesen in seinen Garten an die Stelle seiner „Erscheinung“. Dies war wohl der Moment, an der er seine „Predigertätigkeit“ begann!!!

Tatsache ist, daß „Parre Herrmann“ einige Zeit Offenbach verlassen hat, seine Schwester Elise bewirtschaftete die Felder, und seine Mutter führte die Landwirtschaft (sein Vater war wohl zwischenzeitlich verstorben). In dieser Zeit seiner Abwesenheit muss er versucht haben, sich Gruppen von Sektenangehörigen anzuschließen, was ihm aber wohl nicht gelang. Im Volksmund wurde damals ein Universitätsbesuch daraus gemacht!

Im Hofe seines Hauses (damals Großer Biergrund Nr. 33) legte er kurz entschlossen ein großes Brett über den dort befindlichen Misthaufen und stellte sich - die Hände zum Himmel reckend, die Augen halb geschlossen - darauf. So begann er mit seiner „Predigt“ Waren es anfangs nur wenige Leute, die ihm zuhörten, so waren es später immer mehr Menschen, die zu ihm kamen. Es soll vorgekommen sein, dass die Ehemänner - als sie zur Mittagsrast von der Arbeit nach Hause kamen - kein Mittagessen vorgefunden haben. Die Frauen standen beim „Parre Herrmann“ und hörten seinen „Predigten“ zu!

Im Spätsommer des Jahres 1834 hatte er wohl einen so starken Zuspruch, dass 4.000 bis 5.000 Menschen! (OF hatte damals eine Einwohnerzahl von ca. 9.500 Bürgern) die Straßen säumten. Die Menschen vor dem Hause Großer Biergrund fanden natürlich keinen Platz mehr, und sie füllten die umliegenden Gassen hinauf zur Bieberer Straße und hinunter zur Mainstraße. Man sagte, schon von morgens 6.00 Uhr an strömten die Menschen herbei, die zum Teil zu Fuß, zum Teil sogar mit Wagen aus dem Oberhessischen und dem Spessart gekommen waren. Diese ungeheure Menschenansammlung war den damaligen Stadtoberen jetzt zu viel. Man suchte den Peter Herrmann persönlich auf, um ihn von seinem Tun abzubringen, was aber gründlich misslang. Seine Anhänger hatten vor dem Haus eine drohende Haltung gegenüber der Obrigkeit eingenommen, was diese veranlasste, über den Herrmann`schen Hinterhof und Garten „das Weite“ zu suchen. Man versuchte es erneut mit einer schriftlichen Vorladung, welcher „Parre Herrmann“ aber keine Folge leistete. Nun beschlossen die Behördenvertreter - „Parre Herrmann“ predigte immer noch - ihn zu verhaften und von Offenbach wegzubringen. In den frühen Nachmittagsstunden rückten Soldaten des Regiments Prinz Carl von Hessen aus der nahe gelegenen Kaserne an, fanden aber seine Haustüre verschlossen. Diverse nun beauftragte Schlossermeister, die man um Öffnung der Tür bat, hatten allerlei „Ausreden“, um ihre Arbeit nicht vollziehen zu müssen. So sagte der eine, er müsse unbedingt einen abgebrochenen Schlüssel reparieren, beim anderen kalbe gerade die Kuh, und der Dritte müsse in einer dringlichen Angelegenheit nach Bürgel! Es fand sich dann doch ein beherzter Schlosser, welcher das Schloss öffnete. Man führte „Parre Herrmann“ über einen kleinen Feldweg in die Bieber Straße, wo ein Wagen bereitstand, der ihn und Polizisten aufnahm. Links und rechts des Wagens marschierten die Grenadiere mit aufgepflanztem Bajonett. Als die aufgebrachten Anhänger erfuhren, dass man den „Parre Herrmann“ beim Hinterausgang herausgeleitet und abgeführt hatte, eilten sie schnell durch den Großen Biergrund, den Kleinen Biergrund und das Salzgässchen, um mitzuerleben, wie der seltsame Zug an ihnen vorbeizog. Wieder nahmen sie eine drohende Haltung ein und riefen „Gebt den Parre Herrmann eraus!“, was den Zug allerdings wenig störte und schon gar nicht zum Stoppen brachte.

Man fuhr Peter Herrmann nach Darmstadt und von dort in eine Irrenanstalt. Noch im gleichen Jahr ließ man ihn, auf Antrag seiner Mutter und nach Unterschreiben eines Reverses, dass er nie mehr „predigen“ werde, frei. Auch hatte man wohl festgestellt, dass Peter Herrmann nicht geisteskrank war. Er war ein gebrochener Mann und zeitlebens ein Sonderling. So erzählte man sich auch, dass zu seiner Nichte eine heftige Liebe entbrannte, die Nichte verstarb aber früh. Jeweils an ihrem Todestage versammelte er 12 evangelische Mädchen um sich, die im festlichen Gewand erscheinen mussten. Er bewirtete sie auf das

Allerbeste, und als die Eltern der entsprechenden Mädchen die redlichen Absichten des Peter Herrmann erkannten, ließen sie ihre Kinder wohl etwas leichteren Herzens der Einladung folgen.

Als Peter Herrmann starb, wurde sein Vermögen auf 123.000 Mark taxiert. Der Stadt vermachte er einen ansehlichen Betrag hiervon und seine in der Schloßstraße (damals Nr. 17) befindliche Hofreite, die aus Wohnhaus, Scheuer und Stallung bestand. Zur Bedingung machte er, dass die Stadt die Herrmann'sche Begräbnisstätte pflegen möge. Nach späterem Abriss des Hauses (sowie des daneben stehenden alten Gasthauses „Zum goldenen Hirsch"*) wurde ein Durchbruch der Ziegelstraße auf die Schloßstraße möglich.

Im alten Offenbach hat man noch lange vom „Parre Herrmann" gesprochen. Eine 1887 neu angelegte Straße wurde offensichtlich nach ihm benannt, allerdings besteht auch die Möglichkeit, dass die Straße nach dem berühmten Cheruskerfürsten (18 v. Chr. - 19 n. Chr.) benannt wurde. (Herrmannsdenkmal im Teutoburger Wald)

* Nebenstehendes Bild: Gasthaus "Goldener Hirsch" und Hofreite von Peter Herrmann

Gasthaus "Goldener Hirsch" Schoßstraße
Foto von 1887

„Der Grobian"

Peter Rummel (29. Juni 1815 - 16. Juni 1879) entstammte einer alten Offenbacher Schiffer- und Fischerfamilie, die das Gewerbe schon in der dritten Generation führte. Er wohnte im Hause Sandgasse Ecke Mainstraße. Er war als Bürger sehr geschätzt, konnte in seiner Art aber auch „saugrob" werden, was ihm den Uznamen „Grobian" einbrachte. Gutmütig und hilfsbereit war er dennoch und soll viele Menschen vor dem Ertrinken im Main gerettet haben.

Er hatte - neben der Offenbacher Fischerfamilie Groß - das Fährrecht zum Übersetzen mit einem Nachen auf die andere Mainseite. Damals gab es ja noch keinen Maindamm und die Fahrgäste mussten vom jeweiligen Ufer rufen: „Hool üwer". An einem Silvesterabend hat „Der Grobian" mit seiner Familie beim Punsch gesessen, als es auf einmal rief: „Rummel, hool üwer". Pflichtbewusst machte er seinen Nachen los und fuhr bei starkem Treibeis auf die Fechenheimer Mainseite. Hier stand der damals in Marburg studierende Friedrich Mönch - der später die Rosen-Apotheke am Wilhelmsplatz gegründet hat - und wollte übergesetzt werden. Er stieg ein, und als sie auf halber Wasserstrecke waren, fragte er Rummel nach dem Fahrpreis. Als dieser zwei Gulden verlangte, war dies dem armen Studenten zu viel. Daraufhin ist im Rummel „Der Grobian" erwacht, und er drehte den Nachen wieder zurück zur Fechenheimer Seite mit den Worten: „Wann derr die Tax so hoch is, kannste ja iwer Frankford haamlaafe!", was der Student dann auch tun musste.

Es soll auch vorgekommen sein, dass er denen, die ihm noch etwas schuldig waren, beim Ruf: „Rummel, hool üwer" geantwortet haben soll: „Leck mich am Ärmel, geh hinnerum", wobei er gen Frankfurt deutete.

„De griene Dokder“

„Dr.“ Assor-Levy (wahrscheinlich: 9. August 1767 - ca. 1847) führte vor mehr als 150 Jahren eine gut gehende Arztpraxis, obwohl er niemals ein medizinisches Hochschulstudium absolviert hatte, wie man auch damals nichts Genaueres über seine Herkunft wusste. Seine „medizinische Laufbahn“ begann er als Krankenwärter in einem Hospital, wo er dem Dienst habenden Arzt auf seinen Rundgängen begleitet hat. Seine Beobachtungsgabe und sein gesunder Menschenverstand haben ihn veranlasst, bald eine eigene Praxis zu eröffnen und seine „gastliche Lehrstätte“ zu verlassen. Das von ihm auf seinen vielen Notizzetteln aufgeschriebene „Wissen“ ließen seine Praxis bald florieren. Sogar aus Frankfurt und Hanau kamen seine Patienten, und überall wurde er als tüchtiger Arzt gepriesen. Dies hat natürlich den studierten Ärzten schwer im Magen gelegen, und sie haben mehrfach versucht, ihm das Handwerk zu legen. Allerdings hat er auch in den vornehmsten Kreisen hohes Ansehen und Vertrauen genossen. Selbst der Chemiker Justus Liebig erwähnt ihn in einem Brief im Zusammenhang mit der Besetzung einer Medizinprofessur in Gießen.

„De greene Dokder“ gehörte dem orthodoxen Judentum an, deshalb schrieb er am Sabbat keine Rezepte aus, sondern diktierte sie in der Apotheke. Dann brachte er die gewagtesten Wortbildungen heraus; Kürzungen, Verrenkungen oder Verzerrungen störten ihn nicht.

Seinen Uznamen hat er wahrscheinlich daher, dass er immer eine grüne Joppe trug. So ist es jedenfalls auf einer alten Abbildung zu sehen.

Im Großen und Ganzen hatte er ein freundliches Wesen, manchmal wurde er aber ein bisschen rauhbeinig und von deutlicher Sprache. So gab er einmal einer Frau, die über kurzen Atem beim Treppensteigen klagte, den Rat: „Na, do bleiwe Se äwe drunne!“

Auch hat er den Mädchen, die er in seinem Junggesellenleben kennen lernte, gesagt: „ Hauche Se mich emol aan; ich will aach Ihnen Ihrn Adem kenne lerne!“

Besonders ärgerlich war „Der griene Dokder“ über nächtliche Störungen. Nur in ganz schweren Fällen war er aus dem Bett zu bekommen. Das wussten auch seine Patienten, und als eines Nachts ein Vater, dessen Sohn über heftigste Bauchschmerzen klagte, ihn herausschellte, hat dieser in seiner Not gerufen:“ Dokder, schnell, schnell! Mein Sohn hot ewe im Schlaaf e klaa Maus verschluckt!“ - „Do lasse Se´n noch schnell e Katz fresse!“ schrie de Dr. Assor und schlug wütend das Fenster zu.

.... und da war noch....

Der **„Kirchendiener Jäck“** von der französisch reformierten Gemeinde. Man erzählte sich folgende Geschichte: Der Gottesdienst, der in den 20er-Jahren des vorigen Jahrhunderts immer noch in französischer Sprache abgehalten wurde, war meist so schlecht besucht, dass man ihn öfter ausfallen lassen musste. Der Kirchendiener wusste nun diese Ausfälle noch mehr zu steigern, indem er sich Sonntags vormittags vor der Kirchentür aufstellte, mit den Armen abwinkte, und den ankommenden Kirchenbesuchern zurief: „Es is heut nix, es is heut nix!“, worauf diese betrübt wieder umkehrten.

Aber dies ging nur eine Weile. Jäck wurde bei seinem wenig kirchlichen Tun erwischt und seines Amtes enthoben.

Französisch-reformierte Kirche in der Herrnstraße aus Blickrichtung Domstraße - vor ihrer Renovierung 1874

Quellennachweis:

Stadtarchiv Offenbach/M
Offenbacher Regesten
Tag für Tag und Nacht für Nacht - Hundert Jahre Stadtwerke Offenbach
Offenbach so wie es war
Offenbach-Post
Familie Lotz, Offenbach/M
Familie L. Schmahl, Offenbach/M
Herr Schmittner, Offenbach/M
Herrn Herrmann Schoppe, Offenbach/M
Manfred Weisbecker, Offenbach, Zeichnungen Seite 9,19,45,65,69,77

Autorin und Verlag haben sich bemüht, die Inhaber der Rechte an den Bildern ausfindig zu machen. Sie erklären sich bereit, mit hier nicht genannten Rechteinhabern eine geeignete Vereinbarung zu treffen.